Schwibbögen zu Weihnachten

Was passt besser in die Adventszeit als Kerzenglanz, was zaubert eine schönere Atmosphäre an langen, kalten Winterabenden?

Mit den Lichterbögen, die ich Ihnen in diesem Buch zeige, können Sie Ihr Heim in der dunklen Jahreszeit stimmungsvoll dekorieren. Die Bögen werden aus Holz gesägt und lediglich mit Schleifpapier geglättet, bleiben also ganz naturbelassen. Mit Lichterketten oder echten Kerzen versehen, am Fenster oder auf dem Tisch, begleiten sie Sie durch die Weihnachtszeit.

Ich wünsche Ihnen eine besinnliche Zeit und viel Freude mit Ihren Schwibbögen.

Die Motive lassen sich in folgende Schwierigkeitsgrade unterteilen:

● ○ ○ einfach ● ● ○ etwas schwieriger ● ● ● anspruchsvoll

IHRE GRUNDAUSSTATTUNG

Folgende Hilfsmittel und Werkzeuge sollten Sie zur Hand haben; sie werden bei fast jedem Motiv benötig.

- evtl. Karton (für Schablonen)
- Schere, Cutter mit Schneideunterlage
- Bleistift
- Lineal
- Alleskleber, z. B. UHU
- Dekupiersäge
- Laubsäge
- evtl. Kreissäge
- mittelgroße und kleine Holzfeile
- 160er und 240er Schleifpapier
- Akkuschrauber und Holzbohrer, ø 1 mm bzw. 1,5 mm bis 5 mm
- Holzleim
- Leimzwingen
- evtl. Seitenschneider (Stieldraht abschneiden)
- evtl. verzinkte Nägel (Sockelleistenstifte, 1,4 mm x 20 mm) oder Stieldraht, ø 1 mm
- Stieldraht, ø 1 mm bis 1,5 mm
- evtl. Niedertemperatur-Klebepistole (die nicht heißer als 110° C wird, damit die Kunststoffummantelung der Lichterkette nicht schmilzt)

Hinweis: **Eine Anleitung zur Nutzung der Software „Vorlagen-Druckstudio" befindet sich in der Mitte des Buches.**

Material und Werkzeug

Leimholz

Holzhandel und Baumärkte bieten Leimholzbretter hauptsächlich in der Stärke 1,8 cm an. Fichtenleimholz ist Kiefernleimholz vorzuziehen, da es kleinere Äste hat. Auch hat Kiefernholz teilweise eine rötliche und deutlich gröbere Maserung. Für die kleineren Motive sollten möglichst astfreie Bereiche auf den Brettern ausgewählt werden.

Wichtig: **Bei Leimholz sind keine exakten Maße für den Bedarf möglich, denn aus einem Brett wird ein möglichst astfreier Bereich ausgewählt. Dabei kann es durchaus sein, dass von einem großen Brett nur ein Drittel oder ein Viertel für das Motiv geeignet ist. Die Schablonen werden auf dem Brett so lange hin und her geschoben, bis sich die störenden Äste neben dem Motiv oder an später herausgesägten Stellen befinden.**

Sperrholz

Für die im Buch abgebildeten Motive wird Pappelsperrholz der Stärken 4 mm und 6 mm verwendet. Pappelsperrholz ist fast weiß, praktisch ohne Maserung und relativ weich. Es lässt sich deshalb sehr leicht bearbeiten und ist gut für die filigranen, detailreichen Modelle in diesem Buch geeignet.

Kerzenhalter

Die verwendeten hölzernen Kerzenhalter haben aus Brandschutzgründen einen kaum sichtbaren Messingeinsatz. Sie sind in verschiedenen Durchmessern zu haben.

Tipp: **Wenn Sie ein Motiv größer oder kleiner arbeiten, sollten Sie darauf achten, dass die Kerzenhalter in der Größe dazu passen.**

Lichterketten

Verwendet werden Mini-Lichterketten mit 10 Glühbirnen, entweder in Transparent oder Weiß. Im Handel sind auch Lichterketten mit Schaltern erhältlich.

Sägen

Die Motive aus Leimholz können nur mit der Dekupiersäge ausgesägt werden. Für die Sperrholz-Motive kann auch eine Laubsäge verwendet werden.

Arbeitsschritte

1 Motive übertragen

Die Vorlage ausdrucken und durch „Drubbeln“ (siehe Einlegeblatt in der Mitte des Buches) auf Holz übertragen. Oder mit Schablonen arbeiten. Dazu den Ausdruck grob ausschneiden, auf Fotokarton aufkleben und dann mit der Schere und/oder dem Cutter exakt ausschneiden. Diese Schablone(n) auf das Leim- oder Sperrholz legen und die Konturen mit Bleistift nachziehen. Beim Übertragen immer die Holzmaserung beachten: Sie sollte entweder senkrecht oder waagrecht verlaufen, nicht schräg.

2 Aussägen

Die Motive aus Leimholz können nur mit der Dekupiersäge ausgesägt werden. Dazu stets ein sehr feines Laubsägeblatt verwenden. Die Sperrholzmotive können sowohl mit der Laubsäge als auch mit der Dekupiersäge ausgesägt werden. Wenn Öffnungen wie z. B. Fenster ausgesägt werden, zuerst ein Loch bohren. Der Lochdurchmesser sollte so groß sein, dass das Sägeblättchen durchgesteckt werden kann. Das Loch nicht zu dicht an der aufgezeichneten Sägelinie bohren, denn die Bohrlöcher fransen oftmals auf der Rückseite aus. Um die Öffnung herauszusägen, das Sägeblatt an der Dekupier- bzw. Laubsäge auf einer Seite lösen, das Sägeblatt durch das gebohrte Loch stecken und wieder an der Säge fixieren. Nun die Öffnung heraussägen.

3 Feilen und schleifen

Die Sägeränder evtl. mit der Feile korrigieren und dann leicht abrunden. Anschließend mit dem gröberen und dann mit dem feinen Schleifpapier glätten. Um die Sägeränder der kleinen Öffnungen zu glätten, einfach etwas Schleifpapier um die kleine Feile wickeln. So kommt man auch gut in kleine Zwischenräume.

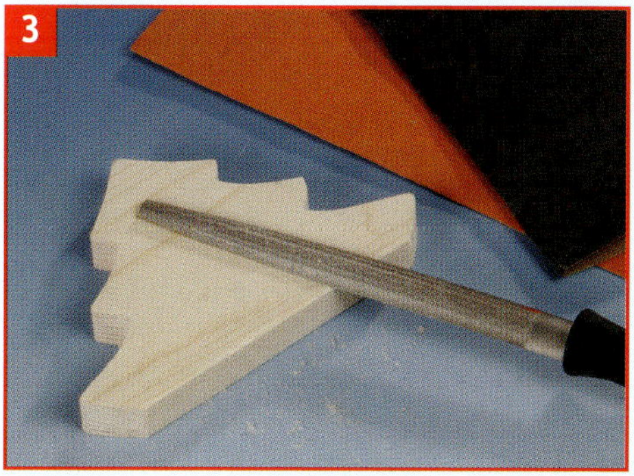

4 Kerzenhalter anbringen

Das Motiv von oben und den Kerzenhalter von unten anbohren (ø 1 mm bzw. 1,5 mm). Mit dem Seitenschneider vom Stieldraht ein Stück abschneiden, in das Bohrloch im Motiv einstecken, etwas Leim auftragen und den Kerzenhalter aufstecken.

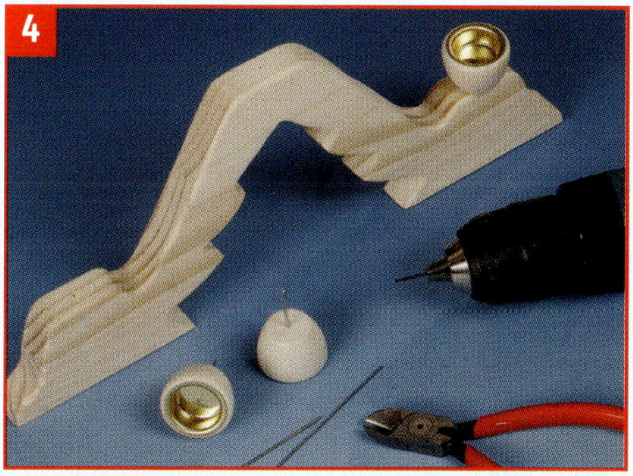

5 Motiv auf der Bodenplatte fixieren

Das Motiv an einigen Stellen von unten anbohren. Der Durchmesser des Bohrers richtet sich danach, ob Senkkopfnägel oder Stieldrahtstücke verwendet werden. Die Bodenplatte umdrehen und genau in der Mitte eine Bleistiftlinie von einem Ende zum anderen ziehen. Auf dieser Bleistiftlinie noch die gleiche Anzahl Bohrlöcher im selben Abstand wie am zuvor angebohrten Motiv markieren. Die Löcher bohren, die Senkkopfnägel (oder Stieldrahtstücke) einstecken und die noch überstehenden Nagelköpfe z. B. mit dem Feilengriff so in das weiche Holz drücken, dass sie nicht mehr überstehen. Das angebohrte Motiv an der Unterseite mit Leim bestreichen und auf die nach oben stehenden Nägel aufstecken.

Tipp: **Die Holzmotive erhalten einen warmen, beigefarbenen Farbton, wenn sie eingeölt werden. Geeignet ist jedes Speiseöl, das mit einem Lappen und mit einem Pinsel (in den Öffnungen) aufgetragen wird. Überschüssiges Öl mit dem Lappen abtupfen. Das Öl einige Tage einziehen lassen.**

Stern- und Tannenbogen

→ schön schlicht

MOTIVHÖHE
Sternbogen 15,5 cm, 17 cm breit
Tannenbogen 13 cm, 28,4 cm breit

MATERIAL STERNBOGEN
- Fichtenleimholz, 1,8 cm stark, 30 cm x 15 cm
- 3 Holzkerzenhalter mit Messingeinsatz, ø 3 cm, 2,5 cm hoch
- Stieldraht oder verzinkter Draht, ø 1 mm bis 1,5 mm, 3 x 2,5 cm lang
- Bohrer, ø 1 mm bis 1,5 mm
- Dekupiersäge
- Leim

TANNENBOGEN
- Fichtenleimholz, 1,8 cm stark, 30 cm x 12 cm
- 3 Holzkerzenhalter mit Messingeinsatz, ø 3 cm, 2 cm hoch
- Stieldraht oder verzinkter Draht, ø 1 mm bis 1,5 mm, 3 x 2,5 cm lang
- Bohrer, ø 1 mm bis 1,5 mm
- Dekupiersäge
- Leim

1 Den Bogen samt Stern- bzw. Tannenausschnitt auf das Leimholz übertragen.

2 Mit der Dekupiersäge Bogen und Stern bzw. Tanne zuerst als ein Teil aussägen. Anschließend den Stern bzw. die Tanne in einem Durchgang herausssägen.

3 Mit der Feile die Kanten von Bogen, Stern und Sternausschnitt bzw. Tanne und Tannenausschnitt leicht abrunden und mit Schleifpapier glätten. Achtung: Die Kanten der Bodenfläche des Bogens nicht mit der Feile abrunden, sondern nur mit Schleifpapier glätten!

4 Die Kerzenhalter von unten in der Mitte anbohren und den Bogen an den markierten Stellen von oben anbohren. In die Bohrlöcher die Drahtstücke einstecken, etwas Leim auftragen und die Kerzenhalter aufstecken.

Tipp: Verwenden Sie beim Auflegen der Bogenschablone den Brettrand nicht als Bodenlinie, da er gefast ist, d.h., seine Kanten sind abgehobelt. Um einen geraden Rand zu bekommen, sägen Sie vom Brett mit der Kreissäge einen ca. 1 cm breiten Randstreifen ab. Diese Sägekante ist nun der Boden bzw. die Aufstellfläche des Motivs.

Flötender Engel

→ auf luftigem Sitz

MOTIVHÖHE
21,5 cm, 16 cm breit

MATERIAL
- Pappelsperrholz, 6 mm stark, 30 cm x 15 cm
- Pappelsperrholz, 4 mm stark, 8 cm x 8 cm (Flügel und Arme)
- Holzkerzenhalter mit Messingeinsatz, ø 3 cm, 2 cm hoch
- Stieldraht oder verzinkter Draht, ø 1 mm bis 1,5 mm, 2,5 cm lang (Kerzenhalter befestigen)
- 2 Sockelleistenstifte (verzinkte Nägel mit versenkbarem Kopf), 1,4 mm x 20 mm
- Bohrer, ø 1 mm bis 1,5 mm
- Dekupiersäge oder Laubsäge
- Leim

1 Die Motivteile auf das Sperrholz übertragen, dabei den Verlauf der Maserung beachten. Engel und Bogen als ein Teil aussägen und dann erst trennen. Flügel, Arm und flachen Stützbügel jeweils doppelt aussägen.

2 Die Kanten der Motivteile leicht mit der Feile abrunden und mit Schleifpapier glätten.

3 Die Bodenplatte zweimal von unten anbohren, die beiden Nägel durchstecken und die Nagelköpfe ins weiche Holz drücken, bis sie mit der Holzplatte bündig sind. Den Bogen zweimal an der Unterseite (Befestigung der Bodenplatte) und einmal von oben (Kerzenhalter) anbohren. Die Unterseite des Bogens zwischen den beiden Bohrungen mit Leim bestreichen und auf die Nägel der Bodenplatte aufstecken. Beidseitig noch jeweils einen flachen Stützbügel anleimen.

4 Den Kerzenhalter von unten anbohren. In das dritte Loch des Bogens das Drahtstück stecken, etwas Leim auftragen und den Kerzenhalter aufstecken.

5 Am Engelrumpf beidseitig Arme und Flügel anleimen. Zum Schluss den Engel auf den Bogen leimen.

Dreikönigsbogen

Beschreibung auf Seite 12/13

Dreikönigsbogen

→ folget dem Stern!

MOTIVHÖHE
29,5 cm, 42 cm breit

MATERIAL
- Pappelsperrholz, 4 mm stark, 22 cm x 7 cm (Stern)
- Pappelsperrholz, 6 mm stark, 80 cm x 43 cm
- 12 Sockelleistenstifte (verzinkte Nägel mit versenkbarem Kopf), 1,4 mm x 20 mm
- Bohrer, ø 1,5 mm und 3 mm
- Mini-Lichterkette mit 10 Birnchen
- Dekupiersäge oder Laubsäge
- Leim

1 Die Motivteile auf das Sperrholz übertragen. Die Bodenplatte, den Stern, die drei Hügelbögen und den Umriss des Dreikönigsbogens aussägen. Die U-förmigen Halterungen für die Birnchen zehnmal aussägen.

2 Mit dem 3 mm-Bohrer die jeweils mit einem Kreuz markierten Innenflächen des Dreikönigsbogens durchbohren. Die Bohrlöcher sollten etwas Abstand von der aufgezeichneten Bleistiftlinie haben, da es oft vorkommt, dass die Bohrlöcher auf der Rückseite der Sperrholzplatte ausfransen. Das Sägeblatt auf einer Seite lösen, durch das gebohrte Loch stecken und wieder an der Säge fixieren. Nun die Innenflächen heraussägen.

3 Die Kanten der Motivteile leicht mit der Feile abrunden und mit Schleifpapier glätten.

4 Die Bodenplatte zwölfmal von unten anbohren, die Nägel durchstecken und die Nagelköpfe ins weiche Holz drücken, bis sie mit der Holzplatte bündig sind. Die Unterseiten der vier Bögen jeweils viermal anbohren.

5 Die U-förmigen Halterungen für die Lichterkette so eng aussägen, dass die später eingeklemmten Birnchen straff sitzen.

6 Die Halterungen für die Lichterkette noch ohne Birnchen auf der Rückseite des mittelgroßen Hügelbogens anleimen. Die Birnchen der später eingeklemmten Lichterkette sollten nicht über den Rand des Hügelbogens ragen. Am Dreikönigsbogen den Stern anleimen.

7 Die Lichterkettenbirnchen in die Halterungen drücken. Nun die Unterseiten der drei Bögen jeweils zwischen den Bohrungen mit Leim bestreichen und auf die Nägel der Bodenplatte aufstecken.

Tipp: Wenn einige Birnchen locker sind, können sie mit der Klebepistole fixiert werden, d.h. etwas Heißkleber in die Halterungen geben und dann die Birnchen eindrücken.

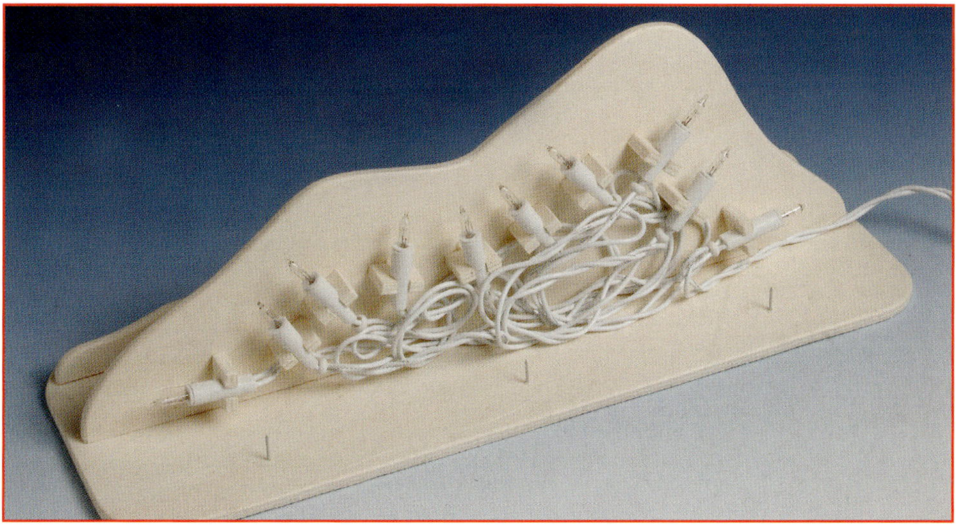

Kirche und Haus

→ schön beleuchtet

MOTIVHÖHE
17 cm, 30 cm breit

MATERIAL
- Pappelsperrholz, 6 mm stark, 30 cm x 20 cm
- 2 Holzkerzenhalter mit Messingeinsatz, ø 2,3 cm, 1,9 cm hoch
- Stieldraht oder verzinkter Draht, ø 1 mm bis 1,5 mm, 2 x 2,5 cm lang (Kerzenhalter befestigen)
- 2 Sockelleistenstifte (verzinkte Nägel mit versenkbarem Kopf), 1,4 mm x 20 mm
- Bohrer, ø 1 mm bis 1,5 mm (Draht und Nägel) und 3 mm (Fensterlöcher bohren)
- Dekupiersäge oder Laubsäge
- Leim

1 Das Motiv auf das Sperrholz übertragen, dabei den Verlauf der Maserung – sie sollte senkrecht oder waagrecht verlaufen – beachten.

2 Den Bogen und die Bodenplatte aussägen. In die aufgezeichneten Fenster- und Türöffnungen, möglichst weit von der Bleistiftlinie entfernt, mit dem 3 mm-Bohrer ein Loch bohren. Das Sägeblatt an einer Seite lösen, durch das Bohrloch stecken und wieder an der Säge fixieren. Die Fenster- und Türöffnungen aussägen.

3 Die Kanten der Motivteile sowie die Kanten der Fenster- und Türöffnungen leicht mit der Feile abrunden und mit Schleifpapier glätten.

4 Die Bodenplatte zweimal von unten anbohren, die beiden Nägel durchstecken und die Nagelköpfe ins weiche Holz drücken, bis sie mit der Holzplatte bündig sind. Den Bogen zweimal an der Unterseite (Befestigung der Bodenplatte) und jeweils einmal an den Enden von oben (Kerzenhalter) anbohren. Die Unterseite des Bogens zwischen den beiden Bohrungen mit Leim bestreichen und auf die Nägel der Bodenplatte aufstecken.

5 Die Kerzenhalter von unten anbohren. In die beiden Löcher an den Enden des Bogens jeweils ein Drahtstück stecken, etwas Leim auftragen und die Kerzenhalter aufstecken.

Tannen im Bogen

→ kleiner Winterwald

MOTIVHÖHE
19 cm, 29,4 cm breit

MATERIAL
- Fichtenleimholz, 1,8 cm stark, 32 cm x 21 cm
- 3 Holzkerzenhalter mit Messingeinsatz, ø 3 cm, 2,5 cm hoch
- Stieldraht oder verzinkter Draht, ø 1 mm bis 1,5 mm, 3 x 2,5 cm lang
- Bohrer, ø 1 mm bis 1,5 mm
- Dekupiersäge
- Leim

1 Das Motiv auf das Leimholz übertragen.

2 Mit der Dekupiersäge den Bogen samt Tannen zuerst als ein Teil aussägen. Anschließend den Bogen heraussägen. Erst jetzt die Tannen aussägen.

3 Mit der Feile die Kanten von Bogen und Tannen leicht abrunden und mit Schleifpapier glätten. Die Kanten der Bodenfläche des Bogens und der Tannen nicht mit der Feile abrunden, sondern nur mit Schleifpapier glätten!

4 Die Kerzenhalter von unten in der Mitte anbohren und den Bogen an den markierten Stellen von oben anbohren. In die Bohrlöcher die Drahtstücke einstecken, etwas Leim auftragen und die Kerzenhalter aufstecken.

5 Nach Belieben weitere Tannen aussägen und um den Bogen herum arrangieren.

Tipp: Verwenden Sie beim Auflegen der Bogenschablone den Brettrand nicht als Bodenlinie, da er gefast ist, d.h., seine Kanten sind abgehobelt. Um einen geraden Rand zu bekommen, sägen Sie vom Brett mit der Kreissäge einen ca. 1 cm breiten Randstreifen ab. Diese Sägekante ist nun der Boden bzw. die Aufstellfläche des Motivs.

„Die clevere Vorlage“

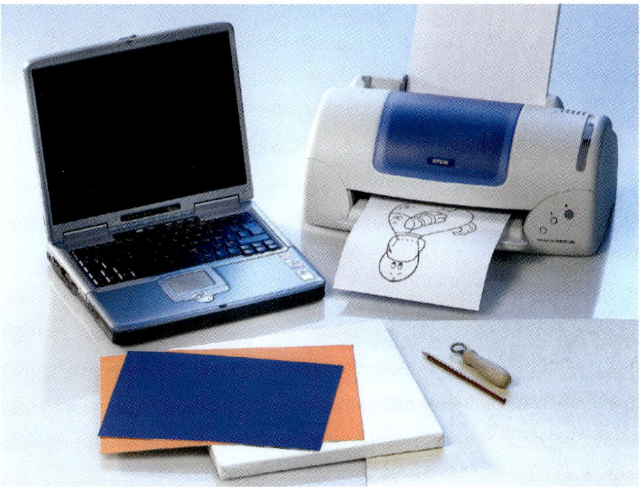

Anleitung für die Software „Vorlagen-Druckstudio“

Die beiliegende CD-ROM enthält sowohl das Computer-Programm „Vorlagen-Druckstudio“ als auch alle Vorlagen-Zeichnungen für die Modelle dieses Buches.
Zusätzlich ist ein oder mehrere Bonus-Modelle mit Foto, Anleitungstext, Materialangaben und Vorlagen-Zeichnungen enthalten. Hinweise zu den Systemvoraussetzungen finden Sie auf der hinteren Umschlagklappe.

1 Installation des Programms „Vorlagen-Druckstudio“

Legen Sie die CD-ROM in das Laufwerk Ihres PCs ein. Das Installations-Programm startet automatisch. Der Assistent führt Schritt für Schritt durch den Installations-Vorgang. Außerdem werden Verknüpfungen zum Start des Programms im Windows-Startmenü und – auf Wunsch – auf dem Windows-Desktop abgelegt.

2 Start des „Vorlagen-Druckstudios“

Gestartet werden kann die Software entweder durch einen Doppelklick auf das Programmsymbol

Druckstudio.exe

auf dem Windows-Desktop oder über den Eintrag im Windows-Startmenü. Wenn bei der Installation die Standard-Einstellungen übernommen wurden, ist dies zu finden unter

Start / Programme / TOPP Vorlagen-Druckstudio

3 Programmoberfläche

Das Programm enthält drei Hauptbereiche. Diese sind wie „Karteikarten“ aufgeteilt und mit „Kartei-

reitern“ beschriftet. Gestartet wird auf der ersten „Karteikarte“ „Motiv auswählen“.
Im Bereich „Aktuelles Buch“ ist der Titel, der gestartet wurde, zu sehen. Wenn mehrere Bücher mit dem „Vorlagen-Druckstudio“ installiert sind, kann durch einen Klick auf den Pfeil rechts eine Liste aller Bücher aufgeklappt werden.

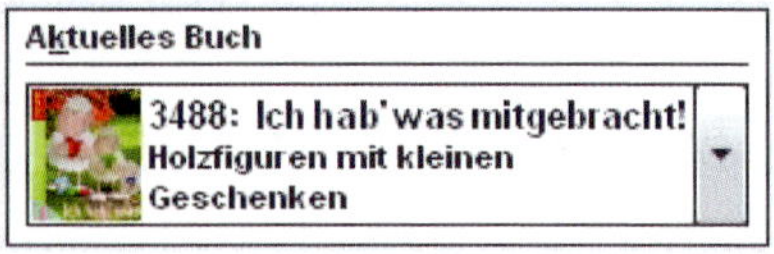

Verlassen können Sie das Programm entweder durch einen Klick auf das rote Kreuz rechts oben oder über den Eintrag „Beenden“ im Menü „Datei“.

4 Modell auswählen

Im Bereich „Modelle“ befindet sich eine Liste mit allen Bastelanleitungen des Buches inklusive Modellnamen und Seitenzahl. Durch einen Klick auf einen Eintrag können Sie das Motiv auswählen, das Sie erstellen möchten. Im Vorschau-Fenster rechts erscheint daraufhin das Motivfoto.

Unter dem Foto befinden sich zwei Schaltflächen. Hier kann zwischen der Motivansicht und der Vorlagenansicht umgeschaltet werden.

Klicken Sie anschließend auf Weiter ▸, um zur Karteikarte „Vorlagenzeichnung auswählen“ zu wechseln.

5 Vorlagenzeichnung auswählen

Auf dieser „Karteikarte“ sind alle Teile, die zu einem Modell gehören, dargestellt. Achtung! Die Größenverhältnisse der einzelnen Teile werden hier nicht maßstabsgetreu wiedergegeben. Wenn Sie nur einzelne Vorlagenzeichnungen eines Modelles ausdrucken möchten, können Sie durch einen Klick auf die Haken links neben der Bauteilbezeichnung auch einzelne Teile ab- und anwählen. Standardmäßig sind alle Einzelteile aktiviert.

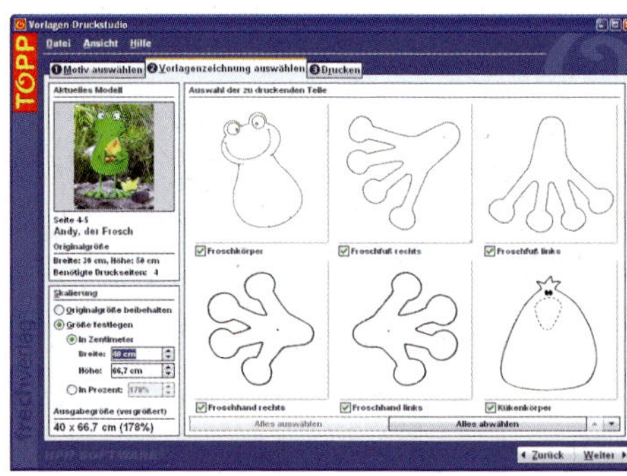

6 Modellgröße anpassen

Im Bereich „Skalierung“ links unten können Sie nun die Größe, in der Sie das Modell erstellen wollen, verändern. Klicken Sie dafür auf die Schaltfläche „Größe festlegen“.

Nun können Sie die gewünschte Modellgröße bzw. -breite in Zentimetern eingeben. Dabei wird das richtige Seitenverhältnis automatisch beibehalten. Wenn Sie also den Wert für die Modellhöhe ändern, ermittelt das Programm automatisch den richtigen Wert für die Breite.

Alternativ können Sie – ähnlich wie bei einem Fotokopierer – auch die Modellgröße in Prozent zur Originalgröße angeben. Klicken Sie dafür auf die runde Schaltfläche „In Prozent" und geben Sie den gewünschten Wert ein.

Wenn Sie sich entscheiden, das Modell doch in der Originalgröße zu basteln, können Sie einfach auf „Originalgröße beibehalten" klicken, damit alle vorgenommenen Einstellungen zurückgenommen werden.

Klicken Sie anschließend auf Weiter ▸, um zur Karteikarte „Drucken" zu wechseln.

7 Druckeinstellungen

Auf dieser „Karteikarte" sehen Sie im rechten Bereich bereits eine Vorschau auf die Ausdrucke der ausgewählten Vorlagen-Zeichnungen.

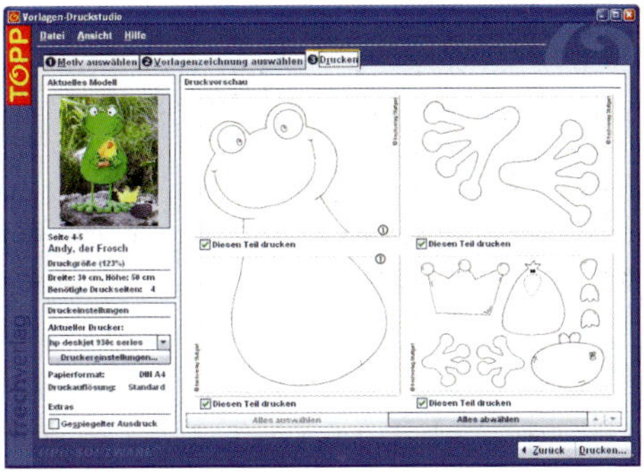

Links unten gibt es unter „Druckereinstellungen" die Möglichkeit, zwischen verschiedenen Druckern zu wechseln, wenn Sie mehrere Geräte an Ihren Computer oder in Ihrem Netzwerk angeschlossen haben.

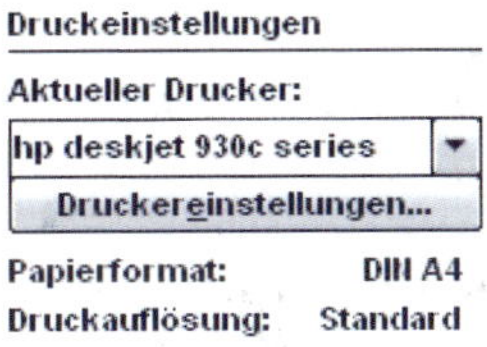

Wenn Sie einen Drucker besitzen, der auch DIN A3 Papier verarbeiten kann, so lässt sich dies in den „Druckereinstellungen" auswählen. Hinweise dazu finden Sie im Handbuch Ihres Druckers, da die entsprechenden Einstellungen bei jedem Hersteller und jedem Modell variieren.

8 Besondere Einstellungen für das Abrubbeln der Vorlagen

Wenn Sie die Vorlagen anschließend durch Abrubbeln direkt auf Ihr Material übertragen wollen (das so genannte „Drubbeln"), müssen die Vorlagenzeichnungen spiegelverkehrt ausgedruckt werden. Klicken Sie dafür auf die Schaltfläche

☐ Gespiegelter Ausdruck

Für das Abrubbeln eignet sich handelsübliches Kopierpapier oder das im Bastelfachhandel erhältliche Spezialpapier zum Übertragen von Vorlagen. Nicht geeignet sind spezielle Inkjet- oder Fotopapiere, da diese die gesamte Tinte aufsaugen. Am besten experimentieren Sie mit verschiedenen Papiersorten. Sollten Sie Probleme haben, dann hilft es, in den Druckereinstellungen die Papiersorte von „Normalpapier“ auf „Fotopapier“ (die höchste Druckqualität) zu wechseln, trotzdem aber normales Kopierpapier in den Drucker einzulegen (die genauen Bezeichnungen variieren von Hersteller zu Hersteller). Bei dieser Einstellung wird mehr Tinte auf das Papier gespritzt, als es normalerweise aufnehmen kann. Diese überschüssige Tinte lässt sich dann leicht durch Abrubbeln auf ein Werkstück übertragen.

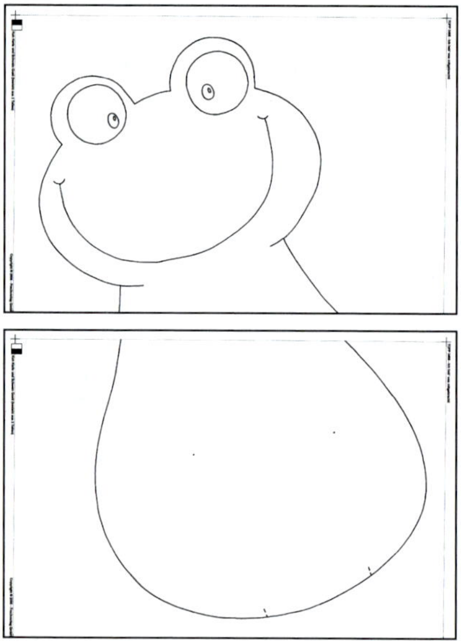

9 Drucken

Mit einem Klick auf die Schaltfläche **Drucken...** starten Sie den Druckvorgang. Große Vorlagenzeichnungen werden automatisch auf mehrere Blätter verteilt. Diese müssen Sie anschließend nur noch anhand der ebenfalls aufgedruckten Markierungen zusammen kleben. Schneiden Sie dafür jeweils den Rand eines Blattes entlang der Markierung ab und kleben Sie es auf den Rand des „Nachbar-Blattes“.

10 Vorlage durch „Drubbeln“ übertragen

„Drubbeln“ heißt „Drucken“ und „Rubbeln“ und ist eine neue, verblüffend einfache und sehr praktische Art, Vorlagen direkt auf ein Material zu übertragen. Das funktioniert auf Holz, Karton, Papier oder einen Keilrahmen und mit jedem Tintenstrahldrucker. Legen Sie einfach die ausgedruckte Vorlagenzeichnung mit der bedruckten Seite nach unten auf Ihr Werkstück und rubbeln sie die Linien z. B. mit der Rückseite eines Bleistiftes ab. Besonders leicht geht es mit dem Übertragungs-Werkzeug, das Sie auf dem Foto sehen und das im Bastelfachhandel erhältlich ist.

Selbstverständlich können Sie aber auch wie gewohnt die Vorlagen mit Transparentpapier, mit Kohlepapier oder mit der Schablonen-Technik übertragen.

Wir wünschen Ihnen viel Spaß und viel Erfolg mit der „Cleveren Vorlage“.

Wichtelwald

→ gefällt Groß und Klein

MOTIVHÖHE
22 cm, 42 cm breit

MATERIAL
- Pappelsperrholz, 6 mm stark, 70 cm x 43 cm
- Pappelsperrholz, 4 mm stark, 10 cm x 6 cm (Arme)
- 3 Holzkerzenhalter mit Messingeinsatz, ø 3 cm, 2,5 cm hoch
- Stieldraht oder verzinkter Draht, ø 1 mm bis 1,5 mm, 3 x 2,5 cm lang (Kerzenhalter befestigen)
- 12 Sockelleistenstifte (verzinkte Nägel mit versenkbarem Kopf), 1,4 mm x 20 mm
- Bohrer, ø 1 mm bis 1,5 mm (Draht und Nägel) und 3 mm
- Dekupiersäge oder Laubsäge
- Leim

1 Die Motivteile auf das Sperrholz übertragen. Die Bodenplatte, die beiden Tannenbögen und den Umriss des Wichtelbogens aussägen. Die Wichtelarme viermal aus dünnem Sperrholz aussägen.

2 Mit dem 3 mm-Bohrer die jeweils mit einem Kreuz markierten Innenflächen zwischen den Beinen der Wichtel durchbohren. Die Bohrlöcher sollten etwas Abstand von der aufgezeichneten Bleistiftlinie haben, da es vorkommen kann, dass die Bohrlöcher auf der Rückseite der Sperrholzplatte ausfransen. Das Sägeblatt auf einer Seite lösen, durch das gebohrte Loch stecken und wieder an der Säge fixieren. Nun die Fläche zwischen den Wichtelbeinen heraussägen.

3 Die Kanten der Motivteile leicht mit der Feile abrunden und mit Schleifpapier glätten.

4 Die Bodenplatte zwölfmal von unten anbohren, die Nägel durchstecken und die Nagelköpfe ins weiche Holz drücken, bis sie mit der Holzplatte bündig sind. Die beiden Tannenbögen und den Wichtelbogen jeweils viermal an der Unterseite anbohren. Den Wichtelbogen noch zusätzlich dreimal an der Oberseite für die Kerzenhalter anbohren. In diese drei Löcher jeweils ein Drahtstück stecken, etwas Leim auftragen und einen unten angebohrten Kerzenhalter aufstecken. Die Wichtelarme beidseitig anleimen. Nun die Unterseiten der drei Bögen jeweils zwischen den Bohrungen mit Leim bestreichen und auf die Nägel der Bodenplatte aufstecken.

Kleine Krippe

→ andächtig

MOTIVHÖHE
18 cm, 32 cm breit

MATERIAL
- Pappelsperrholz, 6 mm stark, 30 cm x 30 cm
- Pappelsperrholz, 4 mm stark, 6 cm x 4 cm (Stern)
- 4 Holzkerzenhalter mit Messingeinsatz, ø 2,3 cm, 1,9 cm hoch
- 4 Sockelleistenstifte (verzinkte Nägel mit versenkbarem Kopf), 1,4 mm x 20 mm
- Bohrer, ø 1 mm bis 1,5 mm (Draht und Nägel) und 3 mm
- Dekupiersäge oder Laubsäge
- Leim

1 Die Motivteile auf das Sperrholz übertragen. Die Bodenplatte, den Umriss der Krippe und den Stern aussägen.

2 Mit dem 3 mm-Bohrer die jeweils mit einem Kreuz markierten Innenflächen der Krippe durchbohren. Die Bohrlöcher sollten etwa 1 cm Abstand von der aufgezeichneten Bleistiftlinie haben, da es vorkommen kann, dass die Bohrlöcher auf der Rückseite der Sperrholzplatte ausfransen. Das Sägeblatt auf einer Seite lösen, durch das gebohrte Loch stecken und wieder an der Säge fixieren. Nun die Öffnung heraussägen.

3 Die Kanten der Motivteile leicht mit der Feile abrunden und mit Schleifpapier glätten.

4 Die Bodenplatte viermal von unten anbohren, die Nägel durchstecken und die Nagelköpfe ins weiche Holz drücken, bis sie mit der Holzplatte bündig sind. Die Krippe viermal an der Unterseite anbohren. Die Unterseite der Krippe zwischen den Bohrungen mit Leim bestreichen und auf die Nägel der Bodenplatte aufstecken.

5 Abschließend die Kerzenhalter auf die Bodenplatte leimen.

Beleuchtete Tannen

→ schön geschwungen

MOTIVHÖHE
15 cm, 41 cm breit

MATERIAL
- Fichtenleimholz, 1,8 cm stark, 16 cm x 43 cm
- 2 Holzkerzenhalter mit Messingeinsatz, ø 3 cm, 2 cm hoch
- Stieldraht oder verzinkter Draht, ø 1 mm bis 1,5 mm, 2 x 2,5 cm lang
- Bohrer, ø 1 mm bis 1,5 mm
- Dekupiersäge
- Leim

1 Den Bogen mit Bleistift auf das Leimholz übertragen.

2 Mit der Dekupiersäge das Motiv aussägen

3 Mit der Feile die Kanten leicht abrunden und mit Schleifpapier glätten. Die Kanten der Bodenfläche des Bogens nicht mit der Feile abrunden, sondern nur mit Schleifpapier glätten!

4 Die Kerzenhalter von unten in der Mitte anbohren und den Bogen an den markierten Stellen von oben anbohren. In die Bohrlöcher die Drahtstücke einstecken, etwas Leim auftragen und die Kerzenhalter aufstecken.

Tipp: **Verwenden Sie beim Auflegen der Bogenschablone den Brettrand nicht als Bodenlinie. Er ist gefast, d.h., seine Kanten sind abgehobelt, das ist als Stellfläche nicht geeignet. Um einen geraden Rand zu bekommen, sägen Sie vom Brett mit der Kreissäge einen ca. 1 cm breiten Randstreifen ab. Diese Sägekante ist nun der Boden bzw. die Aufstellfläche des Motivs.**

Große Krippe

Beschreibung auf Seite 26/27

Große Krippe

→ mit Lichterkette

MOTIVHÖHE
ca. 38 cm, 60 cm breit

MATERIAL

- Pappelsperrholz, 4 mm stark, 60 cm x 70 cm
- Pappelsperrholz, 8 mm stark, 60 cm x 9 cm (Bodenplatte), 2 x 2 cm x 3 cm (Abstandsplättchen) und 10 x 2 cm x 2 cm (Lichterkettenhalterungen)
- Mini-Lichterkette in Weiß oder Transparent mit 10 Birnchen
- Holzleim
- Klebepistole
- evtl. UHU kraft

1 Die Motivteile übertragen und aussägen. Die beiden Giebelbalken, die durch gestrichelte Linien vom Stall abgegrenzt sind, zusätzlich aussägen. Zusätzlich noch aus dem stärkeren Sperrholz die Bodenplatte, zwei Abstandsplättchen und zehn Halterungen für die Lichterkette aussägen.

2 Mit der Feile die Kanten leicht abrunden und mit Schleifpapier glätten.

3 Maria und Josef sowie Ochs und Esel von hinten am vorderen Stallteil anleimen. Von vorne die Bretterverschalungen am Giebel und an den Seiten anbringen. Nun die beiden Giebelbalken fixieren. Anschließend den Stern, die Schafe, die Krippe und den Sack anleimen.

4 Das Krippenteil umdrehen und unten an den beiden Seiten die Abstandsplättchen befestigen. Am Dachrand die Halterungen für die Lichterkette wie auf dem Schrittfoto abgebildet anleimen. In die Halterungen zuerst etwas Klebstoff, z. B. UHU kraft oder Heißkleber, geben, dann das erste Birnchen einklemmen. Das Doppelkabel um die nächste Halterung schlingen, bevor das zweite Birnchen eingesteckt wird. Die restlichen Birnchen ebenso befestigen. Nun das Kabel mit der Klebepistole am Dach fixieren. Die beiden Abstandsplättchen und die Lichterkettenhalterungen mit Leim bestreichen und die Rückwand des Stalles auflegen.

5 Den Stall auf die Bodenplatte leimen.

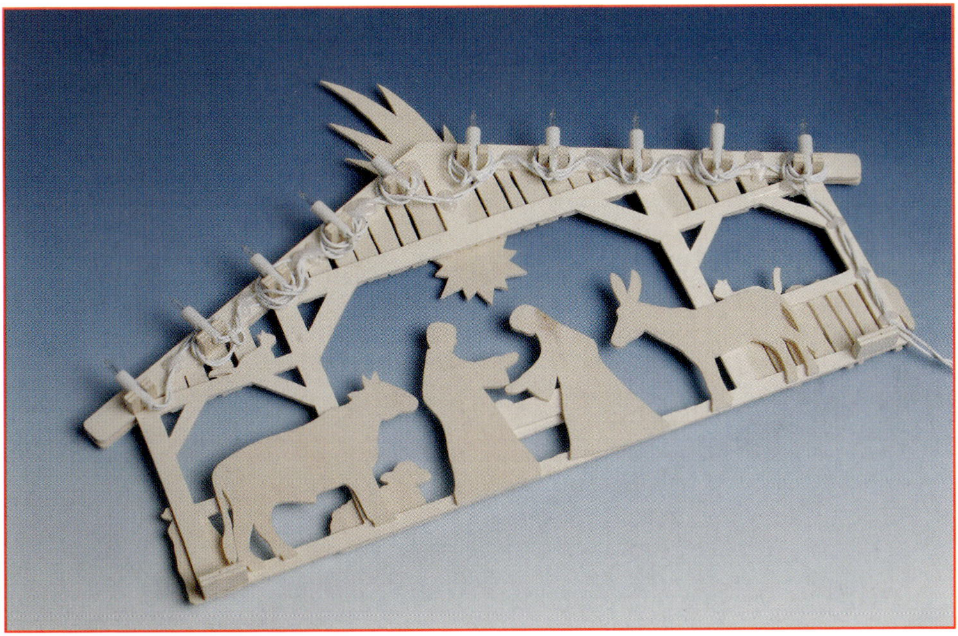

Flucht nach Ägypten

→ mit Esel und Palmen

MOTIVHÖHE
ca. 21,5 cm, 40 cm breit

MATERIAL

- Pappelsperrholz, 6 mm stark, 33 cm x 30 cm
- Pappelsperrholz, 4 mm stark, 40 cm x 20 cm (Palmen und Stern)
- 3 Holzkerzenhalter mit Messingeinsatz, ø 2,3 cm, 1,9 cm hoch
- Stieldraht, ø 1 mm bis 1,5 mm, 3 x 2 cm lang (Kerzenhalter befestigen)
- 3 Sockelleistenstifte (verzinkte Nägel mit versenkbarem Kopf), 1,4 mm x 20 mm
- Bohrer, ø 1 mm bis 1,5 mm (Draht und Nägel) und 3 mm
- Dekupiersäge oder Laubsäge
- Leim

1 Die Motivteile auf das Sperrholz übertragen und aussägen.

2 Mit dem 3 mm-Bohrer die jeweils mit einem Kreuz markierten Innenflächen des Motivbogens, z. B. zwischen den Eselbeinen, durchbohren. Die Bohrlöcher sollten etwas Abstand von der aufgezeichneten Bleistiftlinie haben, da es vorkommt, dass die Bohrlöcher auf der Rückseite der Sperrholzplatte ausfransen. Das Sägeblatt auf einer Seite lösen, durch das gebohrte Loch stecken und wieder an der Säge fixieren. Nun die Innenflächen heraussägen.

3 Die Kanten der Motivteile leicht mit der Feile abrunden und mit Schleifpapier glätten.

4 Die Bodenplatte dreimal von unten anbohren, die Nägel durchstecken und die Nagelköpfe ins weiche Holz drücken, bis sie mit der Holzplatte bündig sind. Die Unterseite und die Oberseite des Motivbogens jeweils dreimal anbohren. Nun die Unterseite des Motivbogens zwischen den Bohrungen mit Leim bestreichen und auf die Nägel der Bodenplatte aufstecken. Die drei Kerzenhalter von unten anbohren. In die Bohrlöcher an der Oberseite des Motivbogens jeweils ein Drahtstück stecken, die Kerzenhalter an der Unterseite mit Leim bestreichen und auf die Drahtstücke aufstecken. Palmen und Stern anleimen.

Beleuchtetes Dörflein

→ Landidylle

MOTIVHÖHE
17 cm, 48 cm breit

MATERIAL
- Fichtenleimholz, 1,8 cm stark, 20 cm x 50 cm
- 4 Holzkerzenhalter mit Messingeinsatz, ø 3 cm, 2,5 cm hoch
- Stieldraht oder verzinkter Draht, ø 1 mm bis 1,5 mm, 4 x 2,5 cm lang
- Bohrer, ø 1 mm bis 1,5 mm (Drahtstücke) und 3 mm bis 5 mm (Fensteröffnungen)
- Dekupiersäge
- Leim

WEITERFÜHRUNG

Beleuchtetes Dörflein

1 Das Motiv übetragen und mit der Dekupiersäge den Bogen aussägen. Mit dem größeren Bohrer in die Mitte der Tür- und Fensteröffnungen jeweils ein Loch bohren. Die Löcher sollten etwas Abstand vom späteren Tür- bzw. Fensterrand haben, da es vorkommt, dass das Bohrloch auf der Rückseite leicht ausfranst. Das Sägeblatt an einer Seite lösen, durch das Loch stecken, wieder an der Säge fixieren und die Öffnung heraussägen.

2 Mit der Feile die Kanten leicht abrunden und mit Schleifpapier glätten.

3 Die Kerzenhalter von unten in der Mitte anbohren und den Bogen an den markierten Stellen von oben anbohren. In die Bohrlöcher die Drahtstücke einstecken, etwas Leim auftragen und die Kerzenhalter aufstecken.

Tipp: Verwenden Sie beim Auflegen der Bogenschablone den Brettrand nicht als Bodenlinie. Er ist gefast, d.h., seine Kanten sind abgehobelt, das ist als Stellfläche nicht geeignet. Um einen geraden Rand zu bekommen, sägen Sie vom Brett mit der Kreissäge einen ca. 1 cm breiten Randstreifen ab. Diese Sägekante ist nun der Boden bzw. die Aufstellfläche des Motivs.

DIESES BUCH ENTHÄLT 1 CD-ROM

IMPRESSUM

FOTOS: frechverlag GmbH, 70499 Stuttgart; Fotostudio Ullrich & Co., Renningen
DRUCK: frechdruck GmbH, 70499 Stuttgart

Auflage: 5. 4. 3. 2. 1.
Jahr: 2010 2009 2008 2007 2006 [Letzte Zahlen maßgebend]

ISBN 10: 3-7724-3529-7
ISBN 13: 978-3-7724-3529-4
Best.-Nr. 3529